꽃잎을 번역하다

송정현 시인은 2016년 《리토피아》 신인상을 수상했다. 여수문인협회 회원이며, 여수 갈무리문학회 동인으로 활동 중이다.

이메일 song7505@hanmail.net

리토피아포에지 · 42
꽃잎을 번역하다

인쇄 2016. 4. 20 발행 2016. 4. 25
지은이 송정현 펴낸이 정기옥
펴낸곳 리토피아
출판등록 2006. 6. 15. 제2006-12호
주소 402-814 인천 남구 경인로 77
전화 032-883-5356 전송032-891-5356
홈페이지 www.litopia21.com 전자우편 litopia@hanmail.net

ISBN-978-89-6412-062-0 03810

값 10,000

이 도서의 국립중앙도서관 출판예정도서목록(CIP)은 서지정보유통지원시스템 홈페이지(http://seoji.nl.go.kr)와 국가자료공동목록시스템(http://www.nl.go.kr/kolisnet)에서 이용하실 수 있습니다.(CIP제어번호: CIP2016009467)

송정현 시집

꽃잎을 번역하다

리토피아
LITERATURE & UTOPIA

자서

매일, 매 시간 다른 표정과 동행한다.
함께한 시간과 사람이 시가 되었다.

세월호와 주기율표의 연상관계를 이야기하며,
차마 단 한 자도 써 내려가지 못했다는,
어느 시인의 눈물에 내 심장이 뜨거워질 때 감히 물어본다.
과연 이 한 권에,
방대하고 아름다운 슬픔에 어징이 기록되었는가 하고.

아직 턱 없이 부족한 걸 알지만 스스로 위로한다.
이 순간에도 생을 위해 존재하고 있기에…….

2016년 봄
송정현

차례

제1부 그늘이 내는 소리

제2부 전하지 못한 말

제3부 꽃잎을 번역하다

제4부 바람의 유언

| 제1부 |

그늘이 내는 소리

캄파놀라*

별이야기 들어보실래요? 흘깃 지나칠 수 있는 어쩜 사소한 풍경이에요 잘 들여다보지 않으면 알아채지 못했을 반짝이는 보석 울음, 지나치는 마음 낚아채어 오도 가도 못하게, 끈 하나 없이 하나 되게 하는 힘! 또롱또롱 나를 쳐다보고 있어요 오아시스가 보이지 않는 사막에서 간절함이 낙타를 타고 태양을 건너게 해요 뚜벅뚜벅, 묵묵히 걷다가 갈래갈래 갈라진 모퉁이 생채기를 더듬는 새가 사과씨를 물어다 둥지에 심는 것을 보는 것은 행운이지요 한 곳을 지그시 바라볼 때 어쩌다 찾는 네잎클로버처럼 압화되는 순간이에요

* 별처럼 생긴 꽃.

러너스 하이

일감 없는 날이면 아버지는 강변을 달렸다
달빛 함께 휘영청 달렸다
바람이 저를 안고 잠시 쉬어 가라고 유혹할 때 쯤
빈 쌀독, 입 벌린 나는 아기새다
아버지는 늘 거기서 숨이 차오른다
잘 익은 옆집 감을 밤마다 나는 서리한다
서리 생각만으로도 어린 아기새는 오금이 저린다
까치밥을 주렁주렁 남겨둔 감나무는
해걸이도 하지 않는다고
옆집 아이는 매일 거들먹거린다
아기새는 아버지를 원망하지 않았지만
지치지 않는 저 옆집 감나무가 항상 부럽다
해걸이 없는 감나무를 우리 집 앞마당에 옮겨 심는 생각을 한다
날갯짓 익힌 새가 꼭대기에 둥지 틀고
계절 내내 마당 채우는 소리도 시끄럽지 않을 것 같다

페이스를 조절하는 길처럼
한 호흡이 고개를 넘는다

갈애渴愛*

덜 자란 맹수 눈이
텅 빈 우물이다
날선 밤, 세상을 달빛만이 길잡이 한다
보이는 건 어둠뿐
어둠을 두려워하는 건
의지와 상관없는 태생의 불가피함
조련 받는 것은 약자만이 가지는 안식이다
조련을 포기한 강자, 겨울 밤하늘 프로키온이
숨긴 허기에 터진 욕망을 견디지 못하고
먹잇감 찾아 기웃거린다
먹잇감을 눕힌 순간은 체온을 나누는 시간
짧은 그 시간이 지나면
어둠 속 감추어둔 배고픔이 맹렬히 저항하고
다시 목마른 맹수가 되어
또 다른 먹잇감 찾아 나선다
마치
홍등가 불빛을 탐미하는

사내의 젖은 눈빛으로

—진짜 강자가 된다는 건
동굴에 감쳐둔 덜 자란 눈을 바깥 햇살에 당당히 드러내는 일이다

* (불교) 번뇌에 얽매인 사람이 오욕에 집착하는 것.

눈물의 재구성

하산길에 만난
까치 한 쌍이 앞질러 간다
한 마리가 날아오르면
다른 한 마리가 짝을 좇아 뒤따르고
다시 다른 나무로 구르면
연신 좇아가 간격을 좁힌다
까치 두 마리가 서로를 향해 흐른다
눈물방울처럼

눈물은 서로를 향해 흐르는 서정시
누군가를 맑게 껴안는 고요

당신이 그렇게 나에게 닿은 것은
기쁨으로 나를 노크하는 거라 생각했다
뒤따르는 날갯짓처럼 흐르듯 오는 거라고
당신의 깊은 눈물샘에서 복숭아빛 볼까지
그 물방울의 신호

우기에 아랑곳없이 순한 꽃 피우는 동공이 흐른다

작가 지망생

종이 위 글씨가 아름드리 나무가 된다는 건
한 자 한 자였던 글자들이 광합성을 시작할 때부터다
맛있는 문장이 영글기를 바라면서
가지치고 거름주기를 반복할 때
낯선 인물이 등장하는 페이지,
탐스런 열매가 절정으로 치닫기도 한다
그 때 문체의 깃털이 날아오르고
훨?
훨,
훨!
무수한 장면을 본다
가령 조장鳥葬을 목도하고 내려오는
하산길에서
풀숲에 앉아 구토하는 주인공이
목격될 때도 있다
혼신으로 눌러 쓴 낱말의 영혼은
사방에 피로 물들고

상처에서 꽃이 되기까지 피 같은 저녁이 흐른다
어둠을 이긴 서로 다른 기호, 하나로 엮어지는 과정이란
온 청춘을 딛고
피 눈물 터지는 저녁이다

외인 출입 허용

강아지처럼 벽을 파고 있어요. 바깥은 온통 물음표지요. 금지된 곳은 지척이라도 가장 먼 곳이 되요. 입구를 찾지 못한 담 너머 금목서 눈치도 없이 내 코를 자극하고, 열리지 않아 슬픈 하루를 종일 서성거려요. 아침이 오지 않는 밤은 언제쯤 끝이 날까요. 저 금목서 향이 그대와의 통로가 될 수 있을까요. 바람이 내려놓은 것들이 풍경이 되어 걸려요. 울음인지 웃음인지 분간이 가지 않는 풍경, 흔들며 빗소리가 가까워져요. 뚝 뚝 뚝, 지붕에 눈물 떨어지는 소리 들리면, 누가 문 좀 열어줄래요?

여름, 이라는 그를 늘여서 써보기로 했다

달뜬 몸에서 열꽃이 핀다

붉은 칸나의 꽃물이 발진처럼 돋고

너의 뜨거움에 데인 상처를 데킬라 한 잔으로 잊으려 했던 저녁나절

백조자리 별 하나가 지상으로 떨어졌다

여름이다

꽃을 꺾기 전에, 문득

푸른 하늘을 매입하고 싶은 날
먹구름이 자리를 비켜주지 않아 궁색한 나는
대신 라일락이나 꺾겠다고 그 앞에 선 순간

파랑새 떠나가던 날 아네모네를
창 앞 앉은 눈에 빗물 내린 날 엘레강스를
초록 새순 돋는 날은 후리지아를
바다가 파도를 부르는 날 안개꽃을

허공 향한 빈 날숨 채우기라도 하듯
겨울나무 허한 물관 채우기라도 하듯

불쌍하게 어리석은 인간인 나는
또 다른 꽃 찾아 꼰지발을 세운다

섬

처음부터 네가 되려는 생각은 없었다
부메랑을 꿈꾸었지만
그림자로 남은 혼자였음을 알았을 때
거기에 주저앉고 말았을 뿐이었고
그래도 기다렸던 저녁에
한 발 더 물러났을 뿐이었고
정답처럼 살아 왔다는 믿음에
정답이나 오답은 처음부터 없다는 걸
스스로 알았을 뿐이었고
그때처럼 한 걸음 물러났을 뿐이었고
움켜쥐려는 욕망만으로
물결을 가둘 수 없음을 알았을 때
너는 그렇게 가슴 속에서 자꾸 생겨났다

창窓, 창槍

앞, 뒤로 닫힌 창이 바람을 가두었다
잎사귀가 마음껏 움직이는 건 틈새마다 열린 공간이 있기에

우리의 사랑이 질식사 한 건
우리 사이에 난 창을 닫아서지

나와 무관한 사랑일 때에 당신과 나 사이에 있던 창은
당신을 가두고 싶어지던 날부터 생겨났다

너와의 사정거리는 손가락 한 뼘
꼼짝 마

내가 꿈꾸는 세상은 당신의 그림자이어야 해
내가 타는 자전거가 낸 길은 당신 방향이어야 해

나의 창이 당신의 심장을 찌르는 창이 되었던 걸
눈치 채버린 날

당신의 문지방을 넘나들던 나의 바람을
한 평도 안 되는 방에 가두었다

혹, 당신 방에서 새는 불빛이 다시 내 방까지 닿는다면
내 작은 창에서 풍금소리 들릴 것 같아

그늘이 내는 소리

양지쪽에 핀 철쭉에게서
건반음 소리가 난다

가까운 곳 개나리가 지고 있을 때에도
허밍에 가까운 콧노래가 들린다

햇살의 관심을 온몸에 받고
가장 눈에 띄는 자리에서

그는 지금 자신이 누구에게나
부러운 시선을 한몸에 받고 있다고 생각한다

코미디 프로에 나온 박성광은
코너가 시작될 때마다

'일등만 기억하는 꽃 같은 나라'
하필 꽃에게 대고 욕을 하였다

그늘에 가려져 피는 꽃들이 있다
너무 반짝이거나 뜨거움에 대하여 반성하게 될 때면

그제서야 그늘에서 나는 소리가 들린다
그늘 속에서 핀 꽃들이 내는 청량한 소리들

가을을 읽다

나는 눈물이 날 때나 틈이 그리울때
가을 같은 엄마를 그리워한다

잘 여문 밤이 툭 뛰어내린다
꽉 찬 속살은
산이 길러낸 모정의 일부

품은 것들은 때가 되면 떠난다
햇살, 바람, 구름을 버무려 숲을 키운 산은
떠나는 자식을 다시 품는 온정이 있다

겨울을 비축하기 위해 햇살을 먹는 나무들을
산은 아무렇지 않게 품는다
새벽부터 다음날 새벽까지
별과 같은 마음으로 품는다

비우고 가벼워진 나무의 모습은
엄마를 닮았다

관계

엘레강스 작은 꽃눈이 비쳤다
작년 가을 화훼 단지에서 데려와
이쁘다 이쁘다
립서비스까지 해가며
아껴주었는데
그새 꽃잎 남김없이 져버린 뒤론
푸른 잎맥에 불과했다
그래도 제자리에 걸어두고
오며 가며 눈길 주고
가끔은 바깥바람도 씌어주고
빛바랜 떡잎 다듬어 주었더니
드디어 오늘 아침
제 하얀 손끝을 내밀어 인사한다

새를 위한 소망

콩씨 말리려 널어놓았더니
쥐 한 마리 돌아다닌다

찍찍이를 놓았다
올커니
걸렸나 보구나

어렵쇼
이게 웬일 콩새 한 마리 파닥거리는 게 아닌가

날개 깃 상하지 않게 떼어내는 일이
마음처럼 쉽지 않다

새처럼 숨죽인 시간 얼마나 지났을까
얼룩 묻은 날개인대로
하늘로 올려 보냈다

찍찍이 묻은 두손이
콩알만해진 두 가슴을
쓸어내리고 있었다

누구나 제 목 언저리에 때처럼 낀 상처 하나
간직하지 않은 채 사는 이 있을까

기름이 불꽃을 키우듯
창공아 너를 키우렴

시時

개미 한 마리 얼씬 안해도 외롭지 않을 영역을 만들었습니다
장미의 화원을 꿈꾸어 보았습니다
안개가 가득한 바다 너머를 볼 수 있는 망원경도 장만했습니다
씨를 뿌리면 무럭무럭 자라서
열매 거뜬히 맺는 나무들이 자라나기를 바랐습니다

이곳에 발을 들여 놓은 순간
고독한 대지에서 바라보이는 건
밤을 세운 뒤에서야 밝아올 아침의 붉은 눈
늘어난 흰머리의 숫자와 바꾼 단어는
발부리에 걸리는 돌처럼 굵고 묵직하였습니다
나는 그 돌부리에 걸려 넘어져
진창에 빠지거나 구르기 일쑤였습니다

언젠가 그 돌 뿌리째 뽑아서 구석에 처박아 내팽개쳤습니다

그깟 돌 같은 시 이제라도 그만 버려야지
가슴에 콱 처박힌 돌, 먹먹하여
자꾸만 눈길 가는 건 어쩔 수 없습니다
영혼의 상처 위에 덧바른 오래된 연고처럼 굳은돌을
다시 꺼내듭니다

흘러가는 대로 맡긴다 하여도

매여있는 뗏목 위에 올라 한 몸이 된다
구명조끼를 몸에 맞게 살피고
상류까지의 여정을 즐거운 상상으로 스케치한다
세찬 물줄기라 하여도 겁내진 않을 것, 그러나
바위가 있는 쪽으로 다가가는 건 경계해야 할 일
착한 물길만 뒤 따라오진 않겠지
그럴지라도
따뜻한 시간을 떠올리며 맞으리
바위 틈에서 자라는 꽃에게도
물기가 절반인 바람의 머릿결에게도
라 마스떼*
그러나 어디쯤에서 반전이 일어나는 영화의 장면처럼
갑자기 뒤집어질 수도 있다는 것이
사실은 뗏목 위에 올라보는 일

누군들 흘러가는 대로 저를 맡긴다고 말하기는 쉬어도
뗏목은 맡긴대로만 흘러가진 않으리라는

뗏목만큼의 생

뗏목만큼의 고독과 눈물

* 지금 현재의 모습 그대로를 사랑한다는 뜻이 담긴 힌두계의 인사말.

사랑무*

여린 손마디 같은 줄기 투욱 분질렀다
비명 한마디 내지 않고
눈물 같은 것이 비쳤지만
잘려 나간 상처, 잊은 듯
그 자리에 새로운 생명이 자란다

햇살의 체온 받아
곧추 세운 척추를 감싸 올리며
연초록 이파리를 여는 모습
바라보면
행복해지기를 열망하는
한 여자의 속삭임 같은 것이 들리는 듯하다

사랑이 시작되는 자리에는
잘 지워지지 않는 것이 있다

먼 이국의 대지에 뿌리내리기까지

배고픔의 시간을 견디고
이제야 화사한 웃음기를 기포처럼 뿜어
미소 가득한 표정에서 제 안의 숨은 무늬까지
고개를 내민다

나를 준다는 일이
가슴의 심지 한 올 뽑아 내주는 것이란 걸
알려준 네 앞에 서 있는데
불어오는 꽃샘바람이 따뜻하다

* 사랑무 : 은행목의 무늬종을 가진 다육식물, 일본식 한자명은 아악무이며 사랑무는 한국명이다. 줄기를 잘라내면 그 자리에 다시 자란다.

짝퉁의 기억

카페 천장까지 닿은
키 큰 커피나무

조명에 반사되는 이파리가
초록 종이처럼 보인다

가까이서 살펴보지 않았다면 알지 못했을
푸른 정맥을 지닌 싱그런 잎성

루이비통 핸드백에 샤넬 시계를 찬 친구를
루이비통만큼 샤넬만큼 믿었는데

야반도주한 다음날
휴지조각만 굴러다니는 텅 빈 꿈속의 시간

불신은
그런 것이여서
나비도 나방으로 보는 사시가 생겨났다

허물

오체투지 몸의 문자로 새겨놓은 기록을 보라
벗은 생의 흔적이
태연하게 바람이 불어도 끄떡없다

하얀 국화꽃에 둘러 앉아
환하게 웃는 그녀의 입술이 실어증을 앓는다
말 없는 그녀를 둘러싸고
더러는 십년 만에 더러는 오년 만에
달팽이관 속 어둠을 뒤적여 그녀를 재생하고
벗은 생을 되감는다

긴 견딤을 짧은 시간에 조용히 벗어 남긴
한 생의 비망록이다

다시 펼쳐진 페이지에
아직 끝나지 않은 이야기를 새기는
허물 같은 친구들
돌아서지 못한다

아픈 사랑

—석화

그래 이맘 때였을 거야
따글따글 봄볕이 환하기도 한 한나절,
더디게 더디게 피운 찬란함이
어둡고 습한 사방을 견디어낸 흔적이,
드릴로 쪼개지 않으면 벌어지지 않는
틈을 비집고 올라온 끈질긴 생명의 눈부심 말이야
차가운 바닥을 따뜻하게 데워주었던 일 말이야
그리고 며칠이 지나도록 나를 인정해 주지 않았던 일 말이야
아마도 돌은 경험하지 못한 일이라
제정신이 아니었던 것 같아
제 몸 어딘가에 허락도 없이 자리 잡은 옹고집을
받아들이기에 돌은 너무 오랜 시간동안 혼자였거든
하루가 지나고 열흘이 지나고
조금씩 조금씩 그림자에 익숙해지고 있었지
물관에서 물 기르는 소리라던가
실바람에 흘리는 묵향 같은 향기라던가
차양 같은 그늘이라던가

그러던 언제부터 나는 수숫대처럼 말라가고 있는데
어쩌니?

| 제2부 |

전하지 못한 말

어쩌면 그것은

강물 같은 그런 거, 막아도 돌아서지 못하고 끝도 없이 흘러가는 거, 흐르다가 낭떠러지로 떨어져 산산이 부서진다 해도 닿고 싶은 거, 소멸 따위 겁내지 않는 거, 그게 ( )라고 한다면 제발 ( )은 잊고 싶었지. 나와는 무관했으면 싶었지 어쩌다 나에게도 가슴 뛰는 날, 그런 기미에 놀라던 마음이 들 때면 번데기처럼 주름을 접어 아무도 눈치 채지 못한 곳에 숨기고 서둘러 지퍼를 채웠어 어느 날, 짧은 비명 소리처럼 투둑하고 갈라진 지퍼 안에서 쏟아진 일그러진 자아, 아 아 이건 내가 아니야 도리질 치며 접힌 부분을 찬찬히 펴 보니 ( )따위 잊고 살 거야 하던 그 때의 얼굴이 주름으로 고스란히 견디고 있는 거였어 어쩌면 아무리 커다란 돌덩이를 끌어 모아 둑을 쌓아도 틈새 사이로 새어나오는 흐르는 물처럼 어쩔 수 없는 거, 그게 ( )일지 몰라. 아무리 밀어내도 나를 피해 내 안으로 슬그머니 흘러드는 거, 퍼내도 마르지 않는 옹달샘 같은 거, ( ) 어쩌면 그것은, 나만의 성

이런 시간에 그대는

내가 산양의 탈을 벗고 싶은 시간이 되면
그대가 대신 산양이 되라
가령, 버드나무가지처럼 세상을 거꾸로 서고 싶다든가
정오의 푸른 풀들과 탱고를 추고 싶다든가
문득 그런 생각이드는 시간에도
그대는 조용히 나 대신 우리를 지키라
설령 탱고 가락이 그대를 유혹하더라도
발자국이 걸쳐간 곳곳에 낙인이 남더라도
그대는 우리를 넘어서는 안 돼
그대가 참은 시간만큼의 크기가
내 숨통의 크기를 만들어 줄 테니깐
다시 산양의 탈을 써야할 시간이 되면
한적한 교회에 잠시 들렀다 그대에게 가리라
너무 조급해 하지 마라
죄 지은 자를 사하여 준 것 같이 우리 죄를 사하여 주옵시고
아름다운 기억을 선물한 그대는 자유로운 재규어가 되라
광활한 밀림의 향기를 맡고 맘껏 달려라

그리고 다시 만나는 날엔 순한 한 마리의 산양이 되라
그때엔 광활한 밀림을 입은 그대와 한 몸이 되리라

바다를 읽는 사내

여름 한 철 그의 도서관은

수평선이 펼쳐진 동해의 한 귀퉁이

돋보기 대신 가져온 캠핑카 위에서

온 종일 이어지는 그의 시간 위로 깨알 같은 바다의 이야기가

낱낱이 읽히며 지나간다

갈퀴 같은 머릿결이 바람에 세차게 나부낀다

바나나보트를 탄 피서객을

제트스키에 매달고 물 위를 건네줄 때

피서객들에게 이곳은 그저 여유를 즐기려는 놀이터

태양이 검은 빛깔로 그의 몸을 물들인다

소금기가 채 마르기 전에 다시 그곳을 향해 떠나는

사내의 눈 속으로

경전보다 깊은 바다의 페이지가 넘겨진다

인연

내 안에 핀 꽃 한 송이가
오후 세 시의 햇볕 속으로 고개를 들었네
기차를 타고 여름이 떠나가고 있었네
그새 나도 모르게 꽃대를 밀어 올려
붉은색 꽃을 피어 올리고
숨 쉴 때마다 내안으로 퍼져
그 향기가 사방에 흩날렸다네
기차에 올라 여름이 떠나가고 있었네
행복한 날은 길지 않았네
꽃 진 자리에 바람이 오는 쪽의 문을 닫았네
눈물이 흘러 나왔지만
그래도 한 번 진 꽃은 피지 않을 것이네
추억의 향낭이여, 붉은 꽃 주머니 하나 가슴에 매달아 보네
나도 모르게 피었다가 진 꽃처럼
기차는 가고
기차는 가고
그 여름은 떠나갔네

꽃을 꿈꾸다

마음 다하여 뿌린 씨앗이 봄비 맞아 초록 새순을 쫑긋 내민다 씨앗의 속내가 햇살 속에 드러날 것이다 숨겨둔 빛깔과 향기 피어나겠지 수선화, 히야신스, 튤립, 크로커스……

신문이며 책 속에서 씨앗처럼 파종된 글씨를 본다 그것은 자유가 그리운 날에 먼 곳의 바람을 불어오게 하고 유리벽 속에 갇힌 것 같은 외로움을 달래주기도 하고 해바라기 씨를 쪼아 먹는 배고픈 새의 심정을 가르쳐 주기도 하고 가슴의 텃밭에서 환하게 벙글어지는 꽃잎을 보여주기도 한다

나의 시 한 소절도 꽃씨이고 싶다
누군가의 밤길을 밝히는 달맞이꽃 같은

지하철

비늘을 반짝이는 물고기들이 잠수함 속으로 미끄러져 들어온다 새벽부터 만원이다 제 영역에서 내리기 위해선 정신을 바짝 차려야 한다 가끔 바다의 입구를 지나친 취한 물고기도 더러 있다 눈, 코, 입 하나씩 가지고서 그래도 똑같은 얼굴 하나 없다 비늘에서 품어져 나오는 광택을 기준으로 내장의 지방질과 그가 마시는 물의 순도를 가늠하는 기준을 삼기도 한다 어떤 지느러미는 하루 내내 쉬지 않고 헤엄쳐야만 겨우 먹잇감 하나를 구하게 될 것이다 누군 좀 더 멋진 비늘을 보존하기 위하여 #과 #을 전진하며 하루를 소비할지 모른다 한 물고기 제 영역에서 내릴 준비 한다 깁스한 다리가 절뚝인다 잠수함 풍경처럼, 그러나 저마다 목적지에 내려주는 수평의 힘이 전진한다

물음의 순간

때로
생의 마땅한 지점에서 잠시 멈칫거려 보는 때가 있었다

목적지를 정할 사이도 없이
행여 달려와 버리지는 않았는지

폐차지에 들어가는 순간까지
앞으로만 달리게 되어 있는 차가 있다면

차는 차일 수 있을까
그런 생도 생이라 부를 수 있을까

업그레이드를 해야 하는 네비게이션 마냥
과감히 내 안의 속도와 유리창 너머

색깔과 빛들을 바꾸어 보고 싶어지던 순간
적당한 곳에서 유턴 표지를 바라보기도 해야 하는

시소에 앉아

화려한 이력을 가슴이며 어깨에 뽕브라처럼 걸치고 다니는
소문난 회사의 대표 씨에게도
미술관장의 명함을 날리고 다니는 그의 사모님에게도
명문대학교 동문회장님에게도 당신의 비서님에게도
백화점, 골프장의 브아이피VVIP 고객에게도

나이 마흔 살이 넘어서 찾아간 결혼정보회사의 최하위 등급을 받은 어느 때늦은 청춘에게도
쪼그라든 가슴을 안고 마지막 지하철을 타고 내리는 순한 눈빛의 외판원에게도
남의 행복을 재단해 주기 위하여 자신의 앞머리가 나날이 줄어드는 보험 코리아의 설계사님에게도
더불어 그의 상사님에게도

너는 항상 균등한 기회와 평등한 기울기의
중심을 준다
떠나기 전에 너는 보너스를 챙겨 주는 일을 잊지 않는다

가장 낮은 곳의 그늘과 가장 높은 곳의 환함까지

사람들을 자신의 한 쪽 팔에 앉혀
햇살 속으로
차츰 날개가 부풀어 오르는
푸르거나 갈색의 나비 꿈꾸게 한다

나비의 날갯짓

나비
팔랑거림이 아름다워 바라보니
어디선가 슬몃 들려오는 소리

우리의 날갯짓은
실상 살아가기 위한 몸부림이기도 하지요
사람들은 걸핏하면
꽃 찾아 날아다니는 나비가 되고 싶다 하지만요

나비
입안에 넣고 한 번 굴려 보세요
어딘지 슬퍼지는 이름인 것 같지 않나요?

바람만 건듯 불어도
등 떠밀려 날아가 버릴 것만 같은 가벼움이지 않나요?
어디로 가야할지
어떻게 머물러야 할지 몰라 갈팡질팡하는

움직이는 물음표 같지 않나요?

한 번의 날갯짓으로 고작 몇 센티미터를 나아가는
노랗거나 하얀 슬픔인 거 같지는 않은가요?

목련 사랑

어제 처음 만나 그가 목련꽃을 담은
편지를 보내 왔습니다

사랑도 ktx를 타고 달려야 하는 지금은
기다림조차 빠른우편으로 보내야 직성이
풀린다고 말입니다

꽃부터 먼저 피워 올리는 목련의
습성이 자기에겐 참 어울린다고 말입니다

라디오에선
시 한 편을 12년 동안 키웠다고 말하는
어느 시인의 수상소감이 흘러나옵니다
참으로 긴 시간이었지만
결정의 한 순간을 위해 참고 기다렸다고 말입니다
그는 아마 그 한 편의 시를 위하여
수많은 계절과 강물의 날들을 건너야 하였겠지요

목련꽃은

하루 사이에 그만 노랗게 변해 있었습니다

봄꽃에게

너무 일찍 피우지 마
바람이 와서 건들어도 아직 눈 뜨지 마
햇살이 속삭여 주어도 봉오리 열지 마

아직 숨어있는 꽃샘추위가 남아 있단 말이지
호시탐탐 노리는 고양이 눈 같은

조금만 참아 조금만 더 참아보아
마음 놓고 햇잎에 얼굴 내밀 그 날을 위해

견딘 만큼 단단한 씨방 가꾸어
플레어스커트처럼 활짝 펼쳐질 수 있을 때까지

전하지 못한 말

침묵의 화법으로 너에게 말한다

그늘진 담벼락을 보면
정오의 햇살을 끌어다 덮어주고 싶은
소망이 자라난다

짝을 찾는 짐승의 포효는 애절하다
발설하지 못한 문장을 단말마로 뱉어야 하는
순간은 기인 노래보다 깊이 와 박힌다

마음이, 별이 있는
밤하늘을 쳐다보게 한다

순이 닿지 않아
간절한 것을 받아 적는 버릇이 물들기 시작한다

시계인형

다이아몬드를 갖고 싶나요
그럼 라인을 잘 타야 해요
서둘러도 뒤처지는 글로벌 시대
하루의 끼니를 위해
먹잇감보다 한 발 앞서 치타가 내달리듯
그 쏜살같은 바람에
머리를 조아리는 주위의 수풀처럼
당신의 추종자를 모아야 해요
어서어서 서두르세요
혹시 꿈속 새 떼들이 날아와
당신의 목에 대신
다이아몬드를 물어다 줄지도 모를 일
목에 걸린 화려한 다이아몬드는
당신의 성공담을 대변해줄 거에요
파트너들에게 갈채를 받으며
당신은 리더가 되어 있을 거예요
하지만 아무나 세상을 지배하는 게 아니듯

최고가 되기 위해
시계인형 되는 것도 마다 않는 당신,
시간의 우리에 갇혀 숨은 제대로 쉬나요
창밖에 비치는 계절의 길목에서
꽃들의 향기에 취해보기나 하셨나요?
그래도 정말
다이아몬드가 좋은가요

통증 꽃 피다

늦 태풍 다녀간 뒤
잘려나간 가을 벚나무에서 때 아닌 꽃 피었다

잠잠하던 몸에서
태풍의 눈이 발견되었다는
청전 벽력이 쳤다
무서운 소식은 종종걸음을
멈춰 세웠다
원인으로 무표정이 지목됐고
버찌만한 눈의 제거 작업이 시작됐다
말끔하게 제거된 눈의 자리가 함몰되고
가슴의 평행이 기울었다
기상케스터는 태풍 재발 예방법을 십계명처럼 내렸다
경직된 웃음보 주무르기
민달팽이와 친해지기
가을꽃 피운 벚나무와 벗하기
오랫동안 잊고 살았던

낯선 처방은
태풍의 위력을 실감한 뒤라
더 큰 위력을 발휘했다
말랑해진 웃음보에서 배실 웃음이 새고
민달팽이 철학이 위대해지는데
통증이 올린 벚꽃의 웃음이
초록으로 발돋움하는 봄으로 향하는 길목,

간밤 꿈
잘린 벚나무에 버찌 한 아름 달렸다

물음표

풍선의 제 모습은
불기 전일까
불고 난 후일까

풍선의 기분은
터질 듯 말 듯한 빵빵함이 좋을까
바람 빠진 한가로움이 좋을까

풍선의 선택은
점방 한 구석 포장된 채 영원히 처박히는 걸까
잠시라도 두둥실 날아오르는 걸까

구속

자동차들의 행렬 사이 골리앗을 닮은 포크레인이 우뚝하다
위세에 질렸는지 곁에 있는 차들이 신호등을 놓치지 않고
기를 쓰며 빠져나가고
빨간 경고등 앞에서 나란히 멈추게 되고 말았다
행운과 비운은 항상 동전의 양면 같은 것
덕분에 가까이서 그의 철각을 탐닉한다
어라 한없이 당당했던 그의 몸이 트럭에 업혀 있다
실망보다 더 큰 연민
고개 숙인 오체투지

마음껏 내달리며 붉은 땅을 파헤치는 노동의 쾌감을 맛보
고 싶을 것인데
저를 업고 가는 트럭이 멈출 때마다 끼잉,
녹슨 관절의 비명소리가 닫힌 날개의 옆구리에서 빗금으로
새어나온다

단감

무엇을 그리도 애태웠을까
까맣게 타버린 속내
가을 햇살의 뜨거운 사랑이었을까
아침 이슬의 맛보기였을까
줄 듯 말 듯 바람의 농이였을까

수직으로 흐르는 시간 이야기

2분 전 오스트리아를 밟은 오드리될뻔의 빨간 구두가 혼자 먹는 밥상의 왼손에 앉았다 단거리선수 같이 달리는 출근 시간 길 정지신호에 걸려 45분 전 칠성시장에서 갓 잡아 올린 산낙지의 명복을 깜돌이와 함께 애도한다 1시간 전 노짱 딸 다연이가 짱구춤을 추는 걸 변기에 앉아 관람한다 ㅋㅋ 어제 밤 자정, 차마객잔의 하늘이 문득 생각난다는 서울에 사는 박시인, 문득이라는 말은 문디를 닮아서 간혹 모든 생각들이 찐따 당하는 기분, 그럴수록 자신이 좀 더 소중해진다는 독백이 나의 이야기에 포개지는 달빛 깊은 밤 문득 울타리 밖으로 맹렬히 타오르는 넝쿨장미를 오감으로 만지고 싶은 나는 카카오세상 밖의 공기가 낯설다

사랑이란 정의의 변천사

한때 그것은 불꽃이었다

부딪치는 순간에 타오르는

성냥개비가 되기도 하고

일제히 고개를 내민 감정의 촉수들이

성난 파도가 되기도 하고

스스로 족쇄를 채웠다가

쉽게 지치고

쉽게 풀어지기도 하고

조금씩 자리를 내어주며 항복하다

시나브로 울고 웃다

서서히 데워지는 아랫목 같은 거라고

그러다 함께

바래고 희미해지는 거라고

책갈피에 사는 그이

명자 씨 뺨에 명자꽃 졌다 맞선 보러가는 날, 해마다 높아지는 콧대와 사다리처럼 올라가는 이상형 리스트는 레일처럼 나란하다 종착역이 그리운 노을빛 시간, 이상형 리스트를 한 칸 한 칸 밟으며 주문을 외운다 철학 옷을 젠틀하게 입은 그이는 앵무새처럼 종알거리지 않아요 나비의 아름다움이 척추에 박제된 그이의 맵시는 잠든 눈동자를 일렁거리게 할 테죠 그이가 자랑하는 리듬에 맞추어 흥얼거리다 보면 미로에 숨겨진 슬픔도 아이스크림처럼 녹아들 거에요 낯설은 그의 말투는 오랜 시간 불구였던 심장을 흔들어 용광로가 될 테구요 그이가 내어준 여백 의자는 말할 수 없는 편안함이 느껴져요 그의 매력이 찰나의 초침을 타고 오래 간직된 사진처럼 몽글거리며 피어나는 날, 명자 씨 뺨에 명자꽃 화르르 피었다

| 제3부 |

꽃잎을 번역하다

안식에 대하여

주인 잃은 강아지 한 마리
버려진 인형에게로 느리게 걸어간다
온기 없는 그가 위로가 될까
그래 너는 외로움을 즐기는 고독가
누구에게나 함부로 안기지 않는다
지금 이 순간 네가 할 일은
거북의 껍질 속으로 들어가
강한 심장 하나 얻는 것
살아있는 것들은 자꾸 얼음 조각을 닮는다
그러는 순간 너에겐 또 다른 모양의 아픔이
새움을 트게 될지도 모르지 하지만
아픔은 자신의 몫
그 안에 뿌리를 내려라
천 년을 견디어 낸 영국사 은행나무처럼
모퉁이 끝에 곤한 잠 하나 누워있다

램프의 성

각자의 생각이 닿으라고
서로를 향해 선 잇기를 시작하자

나는 너에게로 쭈욱
너는 나에게로 쭈욱

마주보고 서 있는 길이 되기를 원해
내 숨주머니에서 풀리는 실 구멍이 생겼나봐
맛있는 걸 먹어도
좋은 옷을 입어도
왜 이렇게 자꾸만 허전한 걸까

너의 입김으로 채워주면 안될까
아니 그냥 너의 입 안에 들어가 살까(너무 오바했니)

램프만 하나 있으면 돼
곰처럼 참을 수 있어

너와 나의
알콩달콩 성

시 마을

시 마을에 오신 걸 환영합니다 이 마을의 집들은 애초부터 세상의 질서와는 무관한 심연의 창문들을 테마로 건축 되었습니다 더욱 중요한 사실은 가가호호 각자의 개성(개 같은 성질로 읽어도 무방)에 근거하여 건축되었으니 방문 시에는 입주자와의 사전 교감이 어느 정도 이루어져야만 안으로 들어가는 문이 열리게 됩니다 건축자재들은 주로 나무와 돌, 하늘과 바람, 구름이며 꽃들이 사용되기도 했지만 요즘에는 포르노를 들여와 장식을 삼기도 했답니다 낙타와 외국의 강 이름과 사막과 그리고 혹성들을 재료로 한 물 건넌 가구들도 더러 눈에 뜨입니다 신경을 써서 걷다보면 힐링 되는 산책로도 구비되어 있습니다 서정주의 앞마당을 아직도 기억하는 방문객도 가끔 있답니다 어떤 시인의 아름다운 관계 뜨락에서는 풀 한 포기에 대한 사랑만으로 대견스럽게 늙어가는 자신을 반추할 수도 있지요 마을이 주는 위안이 어느 사이에 자신을 위한 것으로 착각하게 되더라도 괜찮습니다 그 순간만큼은 어느 마을의 한 집을 들여다보는 당신의 마음이기 때문입니다 돌아가실 때에는 누군가의 집 앞에 머물러 몇 장의

사진을 찍고 가셔도 무방합니다 촬영금지 따위의 말은 이 마을에서는 종적을 감춘 지 오래입니다

오래된 혀

오래된 것은 따분하다
익숙한 지리함은
목마름과 다를 바 없다
설렘의 부재가
어쩔 땐 아내의 눈을 피해
담장 밖을 기웃대기도 한다
은밀하게 느껴보는 희열
아내와의 첫 키스는
당연히 사랑스럽고 달콤했지만
나는 아내의 인질이 되어
너를 위해 존재했던 셈이다
기대가 애증으로 변하는
세월 동안
아내의 아름다운 혀를 취한
원죄를 씻는다
그 오랜 시간만큼
늘어난 주름이 가여운

아내는
새로운 요리를 내어 놓는다
익숙한 혀가 즐겁다

원죄

탯줄을 거슬러 오르면 엄마가
엄마의 탯줄을 거슬러 오르자
엄마의 엄마가
그 엄마의 엄마를 거슬러서 거슬러서
다시 엄마의 엄마가
하와가

거짓말을 먹었다
맛있게 언니와 나눠 먹겠다는 맹세가
달콤한 유혹에 넘어갔다
어쩌지
명치에 사과씨 같은 통증이 걸렸다
들키지 않아야 한다
혼자서 엄지손가락 밑을 딴다
피가 어둡다
통증이 여름 햇살처럼 따갑다
아려오는 시간이

대문을 넘어오는 발자국 소리에
화들짝 깨어난다

앗, 엄마다

가을, 다솔사多率寺*

한낮의 다솔사가 꽉 찼다 햇빛과 바람과 시간을 거느리고, 저녁을 향해 내딛는 발등 위로 한 잎 두 잎 씩의 비움을 내려놓기 시작한다 낙엽이다 겨울을 맞이해야 할 준비인 것 같아, 오랜 세월 견딘 다솔사 소나무들이 정갈한 자세로 서서 길을 지키는 것도 생멸의 이치에 자신을 얹어놓은 모습이다 제 무게를 바람에게 내어놓은 까닭이다 부러진 청솔가지 아래서 거느림이 지나치면 상처가 되는 법을 배운다 한 가지의 소원만 들어준다는 적멸보궁 사리탑 곁을 돌면서 보았다 한 걸음 한 걸음 뗄 때마다 시끄러운 잡념이 내 안에 키워져 있었다는 사실을, 여백풍경이 가을의 소리를 내며 나직하게 울렸다

* 경상남도 사천에 위치한 사찰.

사계절 이야기, 그리고

애인처럼 봄이 등 돌리면 겨울 한기 눅혀준 햇살은 잊고 꽃샘추위는 기억할게요 지나간 일은 아름답게 포장되는 습성이 있으니깐요 혹독한 겨울조차 사실은 봄꽃들과 연초록 나뭇잎들의 쉬는 시간이었을 것, 애인이 잊은 맹세처럼 저 꽃들 사라지고 나면 그새 여름이 와 있었던 거죠 한낮의 열기가 사랑하는 사람의 뜨거운 몸처럼 달아오르면 난데없는 소나기 한 차례 쏟아져 내리기도 하겠죠

비에 젖은 잎들의 향연을 푸르게 키우다가 가을 오면 미련없이 잎새를 떨구는, 사랑도 낙엽도 풍화되어 사라지는 시간은 무슨 계절일까요

나는 알아요 겨울과 봄 사이 이름 없는 또 하나의 계절을

공

공격을 위해 태어나
맞아야만 진화하는 가혹한 운명
상대를 이기기 위해
나는 소용되지만
승리가 단 한 번도
내 것이 되었던 적은 없었지
때로는 질 수도 있다는 사실을
증명하기 위하여
나는 항상 둥글지

네모난 공은 없지

채이거나 맞아서
욱신거리는 상처
견디기 위해 고독하거나
슬프지 않기 위해 구르고
날아다니는

정갈한 것에는 배후가 있다

사랑 받는 여인의 은색 킬 힐 같은
곧게 쪽진 머릿결 같은

고적한 아침, 고락산 입구에 들자 우렁찬 기계소리가 뒤따라온다 한 번도 손질 받지 못한 나무들, 산발한 머리카락들이 여기저기 흩어진다 군청색 작업복의 인부들이 가위질을 치며 앞서 나가면 뒤에 있는 인부들이 널린 나무의 머리카락들을 주워 한 곳에 모아 놓는다 그새 말쑥해진 산길이, 여백이 청량하다

돌아오는 길, 한 자리에 모여 앉은 만삭의 배낭들 햇볕 좋은 풀밭 위에 일용할 양식의 시간으로 둘러 앉아 주인을 기다리는 모습이다 저 삶의 배후, 반질하게 윤나는 길, 입꼬리가 길다

미용실 악보

높고 낮음에 상관없이
미용실 의자는 평등하다

나는
음표를 그리는 작곡가
나름의 기술로
각자 고객에게 준다
맞춤형 음표를 그려 넣어준다
음표들은 항상
자신들의 시간에 맞추어
미용실 거울 앞에 앉는다

첫 만남의 자리는 항상 어렵다
강약은 물론이려니와 리듬을 공유해야 한다
한참의 불협화음이
가위질 소리에 실려
잘려나간 머리카락으로 떨어져나가면

이윽고 채워지는 오선지 속에서
미용실 악보는 새롭게 태어난다

때로는 탄생의 아픔도 있다
악보가 스스로 비명을 지르기도 하고
바람 속에서
펄럭이며 어물쩡 넘어갈 때도 있다
그럴 때 나는 화음의 조련사
능숙한 손놀림으로 쉼표도 찍고 되돌이표도 그려 넣어
오늘도 여전히 미용실의 악보를
완성하는 중이다

고무줄론論

당기고 싶다고 너무 힘껏 당기지 말아요
끊어지는 건 아픔이에요
적당히 당겼다가 놓는 법을 익혀야
원하는 만큼 나아갈 수 있어요
한 번 끊긴 것은 탄력도 본래 모습도 재생되지 않아요

새를 맞춘 새총은 가보로 물려주어도 괜찮아요
목표물을 정확이 조준한 의지의 상징이잖아요
아이들은 자라면서 수없이 많은 인연 뒤에
고무줄 같은 늘어짐과 조임 뒤에서
당김과 튕김의 경계선에서
일촉즉발
단 한 발의 총알을 격발하듯이
생의 한 순간을 지나쳐 가야 하겠죠
자신만의 전략을 치룬 시간들이 봉인되는 순간
에크메아가 환하게 피어나는 것은
나만의 황홀한 의식이 시작되는 경계선이에요

귀가는 맛을 버물리는 시간

십 년만에 받은 친구 전화
결제 받지 못한 서류
갑자기 부는 찬바람
공원에서 나눈 키스

하루, 수많은 맛들이
각을 세워 겉돌고 있다

귀가하는 이쯤에
온갖 맛을 버물리는 시간에 집중한다

하루를 버물려 간을 맞추면
낮 동아 베인 짜고 매운 맛이 희석되기도 하고
적당하게 간이 베인 기다림을
따뜻한 이불 안에 넣어두면
어둠에 담긴 별과 달에도
맛이 베이는
순간이 시나브로 온다

심심心心

반복적인 것은 쉽다
서로 다른 숫자보다 빨리 외워지는
구구단처럼
(3곱하기3, 4곱하기4, 5곱하기5)
나란한 것은
그래서 편하다

아빠 대신 옆에 당신이 서기 시작한 그날부터
태풍에 잠긴 집을 쳐다봐도 불안하지 않은 건
항상 옆자리를 지키는 당신
꼭 맞는 신발 같은 당신이 있기 때문이다

편안함은 오래된 시간의 유산이다
소용돌이 쳐 파장되는 수많은 감정이 시간에 저장된다
미움조차 따뜻하게
내가 당신인 것 같이
심심하게
마음과 마음이 나란히 걷는다

얼떨결에

바람이 불 때 불을 지피는 일은
서둘러 핀 봄꽃을 흔드는 것과 같아

나, 잠시 흔들렸다

살다보면 예기치 못한 일이 있다고
얼떨결에 흔들리는 꽃들의 체위가 궁금한 봄이다

봄밤에

가로등 아래 목련나무
달덩이 같은 꽃송이 흐드러지더니
금세 사라지고
빈 가지에 걸린 휘영청 밝은 달

돌아오지 않는 도림*을 기다리다
돌이 된
월아*가 품은 그 달

피고지고 지고 피느라
몸살 앓는 봄밤의 신음소리들, 하악

지는 목련꽃의
그 짧은 순간의 숨결이라도
월아의 멈춘 심장에 훅 불어넣어주고 싶은
봄밤에

텅비고, 환한 봄밤에

* 정읍사.

철새

철 따라 어김없이 날아오는 널 비꼬았던 적 있다
줏대 없는 놈이라고
잊을 만하면 찬 날개를 퍼득이며
노을 지듯 슬쩍 안기는 놈
구륵 구륵
한참동안 달래는 수다 떨고
체중 불리면
새로운 안식처 향해 거침없이 비상하는 놈
네가 떠난 자리에 어린
달빛 고요하던 밤이었어

뱃고동 지나는 자리 뒤에 일렁이는
원양의 외로움이
생존을 건 사투임을 어렴풋이 알아갈 때
그랬지
살아있는 모든 것들의 안부가 소중해졌어
어김없이 날아오는 너의 날개가

그리고 모든 살아있는 자의
슬픈 허기가
고요하게 밀려오는,
봄날 저녁이었어

꽃잎을 번역하다

봄이 한창 무르익었는데 겨울이 찾아온 듯 어깨가 스산하다 길가 벚나무 때 아닌 봄눈으로 꽃잎을 쿨럭인다 호기심 많은 벌 한 마리 그 꽃잎에 앉을 듯 말 듯 배를 대었다 떼었다 꽃잎을 가늠 중이다

색깔 : 창호지에 스며진 호롱불

느낌 : 연하디 연한 한지의 매끄러움

상태 : 더러는 찰과상을 입었음, 간혹 형체를 알아 볼 수 없을 만큼 짓이겨짐

신선도 : 다소 불량함에도 불구하고 향흔이 남아있음

당도 : 괜찮음

소리 : 해탈에 든 스님이 두드리는 목탁소리 들림(두리번 두리번)

종합결과 : 벚꽃이 분명함

바람의 방향을 따라 하나 둘 가볍게 날아오르는 봄날을 기록한다

바람을 넘기다

600년 삶이 누웠습니다
돌풍에 그만 수평으로 기울었습니다
바람을 잘 넘긴다는 일은
바람 잘 날 없는 세상을 알아서
건너가는 일이겠지요
수 없이 넘겼던 바람보다 조금 센 그 바람 앞에
못 이긴 척 넘어간 건
같은 듯 다른 모습으로 삶을 시작하려는
왕소나무*의 지혜였는지도 모르겠습니다

600년이 다른 듯 같게
600년의 기대한 존재가 한 날
바람 앞에 누웠습니다

* 천연 기념물 290호 괴산 삼송 소나무(일명 왕소나무).

꼬리잡기

수박부대와 호박부대
선택의 기로에 서서 각 줄의 대장을 저울질 한다
이전의 전투에서 우승컵을 가져간 호박대장이 러브콜을 하고
반상회에서 만난 적이 있는 수박대장 역시 화려한 경력의 소유자다
양진의 전력은 팽팽하다
순간의 선택이 삶의 질을 결정한다(과언일까?)
호박대장의 뒤로 서기로 했다
처음엔 티끌처럼 모인 구성원들이 순식간에 거대한 넝쿨이 되었다
우리는 하나의 열매를 위해 서로의 양분을 모으는 사이.
꽃을 피어내기 위한 몸부림이 시작되었다
승리를 위해서라면 무엇이든 용서할 수 있다
끝까지 한 톨의 씨앗이 되어야 한다
뭉치면 살고 흩어지면 죽는다는 말은 여전히 유효하다
한세상 살아가며 꼬리를 잡아야 하는 순간은 누구에게나

있다
그것이 한바탕 소나기에 허물어지는
모래성과 같은 것일지라도

나는 누구인가

성호를 긋는다 사라진 꼬리 대신
네 개의 다리로 걷게 되었다
뱀의 혀가 곳곳에서 노리는 물 밖의 세상
절반의 인생에 미련을 두는 건
시계를 거꾸로 돌리는 짓처럼 부질없다
해 아래 잠든 낮의 행운은
온몸에 음각하는 순간만이 가능한 용기
네 다리는 자유의 상징
물 밖으로 고개를 내미는 순간
나무와 풀과 바람이 눈동자 안으로 스며든다
울음소리 왁자하다
나를 잡으려하는 저 눈동자에서 출렁이는 외로움을 읽어
내는
나는 누구일까

| 제4부 |

바람의 유언

햇살의 체형

구름 사이로 햇살이 빗각으로 쏟아진다
햇살을 가리기에 구름이 어쭙잖다
햇살의 품이 궁금하다
옥신각신 가렸다가 보였다가
크다가 작았다가
잘난 척하다가 말았다가
품었다가 풀었다가
그러든가 말든가
아카시아 향은 사방천지 매혹하고
연초록 잎새는 처녀 웃음처럼
탱탱하게 일어나는데
내가 잘 났네 니가 잘 났네
햇살이 가만히 다가와
아우성이는 봄, 든 품에 앉는다
나 잠시 기대보는데
어깨가 꽤나 널찍하다

묻지 마 관광

새장이 열렸다
아무개 아내
아무개 어머니
아무개 며느리가 입술에 단풍물 들이고
이른 새벽을 출항한다
주부들이여 비상하라

트로트 메들리로 목을 축인 버스가
방방 뛴다
새벽 별물 받아서 하루를 짓던 손들이
폐업을 단행한 하루다
업무 전화는 정중하게 사절
제 아무리 컬러링이 울려도
디스코 음악에 묻혀서 들리지 않는다

하루가 짧다
어떤 이는 빨간 밑줄을 긋고 나온 아침상에게

마음이 쓰이기도 한다
이번에는 뽕짝 메들리가
잠시 나간 정신줄을 불러들인다
신나게 한 판 논다

끓다

푸른 불꽃의 혀가 붉어지니
그 위에서 보글보글 별들이 떠오른다
수증기가 경적을 울리며 위험 구간을 알리고
창에 서린 물기가 속도계를 가려
신호를 위반한다
사칙연산이 존재하지 않는 불붙은 화통처럼
무작정 달아올라 연소되는 순간이 숨가쁘다

누구도 눈치 채지 못하게
당신과 나만의 사이에서
끓어오르는 교감
……
종착역을 향해 달리는 무언의
오르가즘

쉿!

시간의 무게를 견딘

삭았다는 말이 거울을 불러 세운다
거울이 무슨 죄가 있다고
화장으로 세월을 덮고 시 창작 수업을 간다

정년퇴임한 선생님이
몇 번의 계절로 절여진 모과차를
선생님을 가르치는 선생님을 위하여
찻잔에 고이 따라 받쳐 드린다

찻잔에도 모과차에도 곰삭은 세월이 알차게 무늬져
몇 년 치 햇살이 강의실을 가득 메운다
제대로 익지 못한 내 마음을 콕콕 쑤신다

선생님을 따라 나도 며칠째 발효되고 있다

추억이라 불리는 이름처럼

버려진 꽃다발 주워 화병에 꽂았다

다시 피어난 꽃의 귀환이라니
방울방울 피어 오른 상큼한 빛깔의
내력

유효기간이 임박한 사랑의 기미에서
문득 떠오른 추억 한 스푼,
오랜 장마 뒤 어느 하루
남해 앞바다까지 밀려온 파도를 보려
함께 달려가던
그러니깐 막다른 골목에 갇혔을 때
되풀이해서 외치는 구조 요청처럼
늘 든든하던 호출번호가 사라져 버렸을 때
첫 출항을 알리는 뱃고동 소리가 멀어지듯
까맣게 잊고 살았던 떨림이라든가
각오라든가

그러니깐 그게 버려진 꽃다발에서
다시 태어난 꽃처럼

바람의 유언

말문을 닫은 바람이
현란한 몸짓으로 생의 옥타브를 넘나든다

보이지 않는 것은
유독, 오감을 자극한다

때론 다정하게 때론 매몰차게
어제는 건기, 오늘은 우기

온몸의 각 세워 바람 소리 감지한다

아무도 모르게 태어나
소멸하는 바람은 건성이 없다
단 하루가 처음이자 마지막인 생이
매일 새롭게
지상을 향해 무언無言의 유언을 남긴다

지극한 관심은
말하지 않아도 고개를 끄덕이게 만드는 힘,

어둠을 홀리는 달빛이 모른 척해도
시간 갉아먹는 애벌레가 낮잠 자도
개의치 않는 바람이
근성으로 나뭇잎 달력을 넘길 때

바람의 변함없는 생을 포착한다

이분법

장마 지나간 숲에서
다시 생명 돋는 소리 들린다
산꽃들 산꽃들대로 골짜기 골짜기대로
햇살의 터치를 받는 모든 것들이 맑다
젖은 몸 말리느라 제각기 분주하다
비 내리는 시간과 멈추는 시간
숨 쉬는 것과 숨이 멎는 사이의
소생과 소멸의 이분법 안에서
햇살이 통통 튕기는 길 가장자리에
생이 스러져가는, 가련한 움직임의
지렁이 한 마리 본다

불빛이 밤을 재우지 않는 중환자실은 쓰러진 들숨과 날숨을 깨우는 산소호흡기처럼 조용하다 졸고 있는 어린 손자의 볼이 복숭아빛이다 칠남매를 키운 복숭아밭에 나이테를 늘인 아버지 몸을 닦아내고 복숭아 냄새나는 스킨을 바르고 긴 여정이 자란 손톱을 깎아 언 땅 같은 손을 잡을 때 뭉친

솜털 같은 추억들이 날개 달아달라고 비명지르는데 와글와글, 눈으로 한 움큼 쏟아진다

소멸이 키운 생의 눈이 붉다

경계라는 말

금오봉이 하늘과 바다의 경계를 지웠다
쪽빛과 하얀빛의 교묘한 그러데이션
안과 밖의 띠를 만들지 않는
새도 화장법을 배울 무렵부터
속과 겉의 경계를 허무는 연습이 시작됐지만
아직도 미완성인 뫼비우스의 띠

싫은데 좋은 척하는 건 위선이에요
그런 어른이 되는 건 적성에 맞지 않아요
아가야, 잘 자란 어른은
작별 인사하는 한낮에게도 슬프지 않는 척하며
내일 또 누군가를 위해 따뜻해지기를 기도하는 거란다
불이 들지 않는 가로등 앞에서 위풍당당하게 걷는 거란다

아가야, 잘 자란 어른이 되기 위해
가끔은 중앙선이 없는 하늘 길로 향일암에 오를 일이다
기다리지 않으면 더 이상 나가지 못하는 길에서

모르는 사람과 마주칠 때 잠시 바위틈 벽에 기대어 서볼 일이다
지우고 허물어 경계를 지운다는 그 말에
너도 나도 함께 마음을 주고받는 것이다

그늘의 폐가

그녀가 가라앉았다
봄물 같은 그녀
가난한 울타리 안에 기꺼이 집 한 채 된 그녀가
씨방을 터트리듯
남자를 위해
기꺼이 따뜻한 아랫목이 되어
남자를 닮은 생명을 품고
창마다 등불을 밝히고
달이 커가듯 몸집을 키우는데
한해가 지나고
다른 해가 거듭 지나자
초승달처럼 기울어가는
등 돌린 남자를 바라보며
꽃물 뚝뚝 흘리는데
이미 다른 집터로 날아간 남자의 마음,
바람을 부여잡기에 만만치 않아
빈 소쿠리를 채우듯

반평생 울타리를 채우는 그녀가
속수무책 허물어지는데
그늘진 빈 마당을 지나 열린 창이 쓸쓸하다

그녀가 텅 비었다

24시간 일하는 남자

아침을 굶은 학생에게 삼각김밥을 건넨다
등 뒤에서 자동문이 저절로 닫힌다
샴푸향기가 유난한 아가씨는 스타킹을,
커피와 우동을 집어든 셀러리맨의 차례가 왔다
돌아서 그는 온수기 앞으로 간다
잠시 오후의 기척이 진열품 위에서 노인처럼 머뭇거린다
이번엔 두 명의 중년부인이 함께 그의 앞으로 다가온다
남편들이 저녁약속이 있어 시간이 널널하다는 수다
생수와 음료수를 받아 든 그 남자는 표정이 없다
교대하는 알바생이 와서
간판 스위치를 올린다
남자의 눈에 저녁의 그림자가 어린다
처음도 없고 끝도 없는 하루
남자의 다른 이름은 바코드씨다

이상향

매일, 노곤함을 위탁할 곳을 찾기 위해 700고지가 없는 동네에서 미련한 미련은 걷고 또 걷네요 제일 높은 곳을 향해, 제일 높은 사랑을 향해, 잠시 쉬어가라는 푯말이 땀을 식혀주는 동안 길을 읽는데 바람이 풀꽃을 흔드는지 풀꽃이 바람을 움켜잡는지 낮은 자리에서 잠시 흔들리다 멈추는 그들처럼 부는 대로 멈추는 대로 웃다가 울다가 만나고 헤어지고 부대끼는 풍경이 지척에서 요동치고 어제 밤새 건넜던 꿈은 신기루 안으로 가라앉네요

부석사 가는 길

예정은 예정일 뿐이다

부석사 도착 시간은
네비게이션의 오작동으로
잠시 늦어졌을 뿐
목적지가 사라진 것은 아니다
그녀를 향해 돌아가야 하는
시간 위에서 소백산 죽령고개를 넘는다
구절양장의 그 길은
오월의 하늘과 맞닿은 골짜기를 펼치며
초록의 웃음을 건네주었다
나는 그만 마음의 단추를 슬그머니 풀었다
궤도 이탈의 근심도 잠깐,
낯선 길의 만남은
이제 막 돋는 은행잎의 빛깔을 닮았다
소백산 명주바람에서
사랑에 빠진 딸기*의 달콤한 향기가 난다

아, 잠시 아찔해지던 순간의
어깨 위로 자목련 꽃 봉우리들이 뚝뚝 진다

천 년을 넘게 뜬 돌이 되어
아직도 기다리고 있는 선묘낭자의 숨소리를 다시 듣는
이 지점까지 그저 조금 늦었을 뿐이다

아주, 잠시 꽃비 날리는 그 찰라 만큼

* 사랑에 빠진 딸기-아이스크림.

사막에서 낙타가 우는 법

—삶이 그대를 속일지라도 슬퍼하거나 노여워 마라*

'태양을 정면으로 마주 보라'
갈증이 태양을 따라 아침을 깨우고
해갈하지 못한 어제는
아침 자율학습시간에 적히고
하염없이 오늘을 위해 일어섭니다
오늘은 어제의 복습,
내일은 모레의 예습,
어제와 오늘, 내일이
반복적으로 갈증을 학습하지만
늘 역부족인 채
잠을 머리에 이고 꼬박 밤을 세웁니다
누군, 생의 마지막에 물꼬를 찾았다고 유언하지만
그건 체험하기 힘든 전설일 뿐,
마지막 순간에는
모든 것들을 진실하게 바라보는 버릇이 있다
전설이 엮인 책을 읽다
오아시스가 있는 지점을 가늠하는 눈을

번쩍 띄게 하는 문맥,

속으로 우는 눈물이 고여 샘이 되다

발묵潑墨

그대가 나에게
내가 그대에게
스며든 순간을 기억하나요

비 내리는 날 잔디 냄새 같이
어느 아침 식탁 위의 사과향 같이

기척도 없이, 어색하지 않게
한 폭의 이압지에 들어 앉아
하늘이 노을에 젖어 타오르면
신비로운 무늬로 우주를 열어
꽃과 별을 잉태했어요

물 위를 부유하는 고요가 절정을 이루었어요
절정에 닿은 동백이 만개하는 꿈을 꾸었어요

꽃물이 들어 번지는 이 계절 안에서
은하를 품에 안고 곤히 잠들고 싶었어요

떡잎, 발문

식물도감을 찾아도 알 수 없는
정체가 무궁한 미래를 숨기고 있다
첫 울음 속,
울음의 의미는 오리무중이고
다만 나는 지금도 성장 중이다
또 다른 떡잎이 움을 틔우는 것은
영역을 넓혀가는 것,
키를 키우고 품을 늘이는 것을
단지 욕심 때문이라고 단정 짓지 마라
나는 태어났고
태양은 빛나고
바람은 시원했고
지상의 모든 것이 저토록 있는 힘을 다해 껴안는데
다만 나는 뜨거운 호흡에
몸을 던졌을 뿐이다

수정탕 꽃순이

빗방울 떨어지는 소리 같이
'사랑은 아무나 하나'를 열창하는 화양댁이
냉탕에서 쏟아지는 물줄기 같은 눈물을 훔치는 모습을
못 본 척하며 노랫가락에 맞춰
두 젖을 덜렁덜렁 흔들며
한바탕 춤을 추는 꽃순이들
바람 불면 한 자리에 쏠리는 꽃잎처럼
아침마다 모여든다
엄마 양수 같은 온탕에 몸을 담그고
새로 태어나길 바라는 냥
처진 뱃살에 부황기를 붙이고
다이어트 소금팩을 서로의 등에 발라주고
브이라인 턱선을 위해 분주한 플라스틱 접시 틈에
물이 오른 손녀의 통통한 손가락을
이태리타월로 살살 문지르며
메마른 나뭇가지 같은 황여사는 말한다
니는 내가 피어올린 꽃송이여

요 이쁜 것 요 이쁜 것
나도 니처럼 꽃내 물씬 풍길 때가 있었지
벌 나비 찾아들 때 있었지
흐드러질 때 있었지
꽃이 진 나무도 꽃나무여
탕안의 꽃순이들 하나같이 말한다

암만 암만, 나도 그럴 때 있었지

북소리

북채를 잡는 것은
북을 깨우는 것이다

소나기를 피해 고립에 젖는 순간
문득,
구석에 덩그러니 먼지 쌓인 북이 떠오른 건
괜한 오지랖일까

벙어리인가 했다
적막이 말을 걸 때 비로소 속내를 보인 북도
비명이라도 질러보고 싶었나보다
오랜 잠에서 깨어나길 기다렸나보다

소리를 내는 것은
누군가 두드리는 것이다
누군가를 깨우는 것이다

둥둥둥

때론
서걱거리는 대숲처럼
때론
짝 짓는 새처럼

봄, 에피소드

봄인가 싶었는데
천리향은 아직 꽃봉오리 열지 않는다

하루 이틀 사흘 나흘……
햇살, 바람, 구름
그리고 너의 눈빛이 너의 손길이
다녀간 사이에
조금씩 벌어진 봉오리
날개 없이도 백리 천리 날아가는 웃음이
향기가 되는 날

드디어,
봄이다

처용 처가

빼앗긴 것을 어찌하리
이제나 저네나
임 언제 오시려나
밤은 깊어만 가고
기다리는 임은 오질 않고
임 어여 볼까 하여
달빛 벗 삼아 동구 밖에 서니
나란히 서 있는 장승만 반겨준다
바람은 또 어찌나 사나운지
달빛도 무리져
잠자리조차 지켜내지 못했는데
차마 떠나지 못한 마음만
하늘에 걸어두고 돌아선 길이
건너지 못할 강이 될 줄 알았다면
차라리 그대로 굳어 버릴 걸 그랬네
평생 다정한 장승 될 걸 그랬네

무늬지는 것에 대하여

11월, 나무가 홀쭉하다
듬성듬성 솔방울 매달고 바닥에 날리는 검불갈이는
빗살무늬로 소복이 무늬졌다
밟을 때 마다 감겨오는 폭신한 느낌
나무도 따뜻하리라
떨어진 검불은 나무가 기억하는 생애,
나무는 추억을 껴안고
사라지는 계절을 견딘다
사라지는 것은 누구에게나 시린 것이다
할머니, 차마 버리지 못한 청춘이
찢어진 달력처럼 야금야금 사라졌다
하얗게 세는 머리카락을 야물게 쪽지고
얼마 남지 않은 이로 환하게 웃는
할머니의 계절은 어디쯤일까
앙상한 몸이 내어 주는 품에선
알 수 없는 계절의 바람향이 나곤했다
자꾸만 달아나려는 나를 붙잡아

무릎 베인 무늬가 아롱졌다
세상 한 귀퉁이가 환하다

해설

은유로 된 관계 탐색
—송정현의 시

최광임 | 시인

1.

4월은 온통 은유의 세상이다. 연두의 세상이며 노란 리본의 달이기도 하나. 사언은 새 생명들로 우거질 때 우리 사회는 분노와 슬픔의 애도에서 벗어나지 못하고 진행형으로만 있다. 우리 국민은 2년 전 4월 수백 명의 어린 학생들을 실은 배가 좌초되는 과정을 실시간 영상으로 목도했다. 영화가 아니고 시뮬레이션이 아닌 실제 상황의 목격은 그로부터 온 국민을 죄의식에 빠지게 했다. 어린 생명을 지켜주지 못한

죄, 죽어가는 생명을 구해내지 못한 죄의식에서 벗어나지 못하고 있다. 시민들의 손목에 가방에 스카프에 차 안에 노란 리본을 달거나 수놓아 가지고 다니며 잊지 않겠다는 의지를 다지는 애도의 표현이지만 그것은 시민들 마음의 집단 은유이다. 이런 고로, 이 시집의 해설 또한 시인의 시의식을 따라가는 여정이 될 것이다.

은유만큼 위안인 것은 없다. 우리에게 남는 것은 결국 은유이기 때문이다. 우리가 체험한 것들은 긍정적인 것이든 부정적인 것이든 언젠가는 살아있던 체험의 대상이 사라지고 언어에서조차 개념만 남게 된다. 그것은 다시 슬픔이나 분노, 괴로움 또는 그리움 등의 정서로 표출된다. 우리의 의식 체계는 그것을 개인적으로 은유화하거나 집단적으로 상징화함으로써 기억에 영구히 저장한다. 봄날의 두릅나물에서 어머니를 떠올리는 이가 있는가 하면 노란 리본에서 세월호의 비극적 참사를 떠올리는 것과 같다 하겠다.

송정현의 시 또한 그 은유의 세계에 있다. 송정현이 은유화한 세계를 따라가다 보면 가난했으나 최선을 다했던 아버지를 만나게 되고, 힘의 세계나 밝은 세상에 치우쳐 그늘로 상징되는 세상을 만나게 될 뿐 아니라 나와 당신 또는 우리 사이의 치우치지 않는 관계에 대한 탐색을 만날 수 있다.

그를 통해 자기 성찰을 도모하며 세상과의 관계를 도모하려는 의도를 엿볼 수 있다.

일감 없는 날이면 아버지는 강변을 달렸다
달빛 함께 휘영청 달렸다
바람이 저를 안고 잠시 쉬어 가라고 유혹할 때쯤
빈 쌀독, 입 벌린 나는 아기새다
아버지는 늘 거기서 숨이 차오른다
잘 익은 옆집 감을 밤마다 나는 서리한다
서리 생각만으로도 어린 아기새는 오금이 저린다
까치밥을 주렁주렁 남겨둔 감나무는
해걸이도 하지 않는다고
옆집 아이는 매일 거들먹거린다
아기새는 아버지를 원망하지 않았지만
지치지 않는 저 감나무가 항상 부러웠다
해걸이도 없는 감나무를 우리 집 앞마당에 옮겨 심는 생각을 한나
날갯짓 익힌 새가 꼭대기에 둥지 틀고
계절 내내 마당 채우는 소리도 시끄럽지 않을 것 같다
페이스 조절하는 길처럼
한 호흡으로 고개를 넘는다
길이 타전하는 소리와 함께 빛 속으로
아버지 몸이 사라져 갈 때도

옆집 감나무는 아기새를 유혹하고 있다

—「러너스 하이」 전문

지금이야 상대적 결핍의식이 우리 사회를 건강하지 못하게 하지만 불과 수십 년 전만 해도 우리 사회는 절대적 가난에 시달리는 이들이 수두룩했다. 더 힘들었던 것은 그 절대적 가난 속 어디에나 상대적 궁핍감을 얹어주는 대상들이 존재했다는 것이다. 가난한 집에서는 과실수 한 그루 심어 가꾸기가 그리 쉬운 시절이 아니었다. 전답이 많은 풍족한 집 울타리 안에서만 감, 호두, 석류, 앵두, 자두, 무화과 등 과실이 계절 따라 열리곤 했다. 그런 시절, "아기새"에게 보이는 세상은 "빈 쌀독"과 "입 벌린 나"를 보며 "거기서 늘 숨이 차오른" 아버지와 대조되는 옆집 아이네 감나무이다. "잘 익은 옆집 감" 그것도 "까치밥을 주렁주렁 남겨둔 감나무"와 "해결이도 하지 않는다고" 옆집 아이가 늘 거들먹거리는 일을 봐야하는 일은 아기새의 결핍감을 한층 고조시킨다. 이때 아기새에게는 어느 지점에서 숨이 차오르는 아버지의 가난과 지치지도 않고 해마다 감을 주렁주렁 달아내는 감나무가 상징하는 부의 대조는 곧 유년의 씻을 수 없는 기억이다. "잘 익은 옆집 감을 밤마다 서리"하고 "해결이도 없는 감나무를 우리집 마당에 옮겨 심는 생각"으로 그 궁핍의 욕구를 달래야 했던 것이다.

송정현에게 있어 '리너스 하이'가 갖는 은유의 의미는 크다. 달리기를 하며 나타나는 신체적 스트레스가 외려 상쾌해지고 행복감을 느끼게 한다는 도취감의 대체 용어는 가난의 궁핍에서 오는 스트레스를 러너스 하이라는 은유적 상상을 통해 승화시킨 건강한 시라 할 수 있기 때문이다.

탯줄을 거슬러 오르면 엄마가
엄마의 탯줄을 거슬러 오르자
엄마의 엄마가
그 엄마의 엄마를 거슬러서 거슬러서
다시 엄마의 엄마가
하와가

거짓말을 먹었다
맛있게 언니와 나눠 먹겠다는 맹세가
달콤한 유혹에 넘어갔다
어쩌지
명치에 사과씨 같은 통증이 걸렸다
들기지 않아야 한다

혼자서 엄지손가락 밑을 딴다
피가 어둡다
통증이 여름 햇살처럼 따갑다
아려오는 시간이
대문을 넘어오는 발자국 소리에
화들짝 깨어난다

앗, 엄마다

—「원죄」 전문

'엄마'라는 이름으로 불리는 여성은 근대를 건너 21세기 초반을 지나고 있는 지금에도 가부장적 이데올로기로부터 자유롭지 못하다. 특히 현대에 들어서서 우리 사회는 전천후 능력을 갖춘 모성을 강조한다. 모성은 옥시토신이라는 사랑 호르몬의 분비량과 비례하며 남성에게서도 육아기에는 이 옥시토신이 분비된다는 과학적 근거가 있음에도 불구하고 여전히 모성은 여성만의 것이며 육아는 모성을 지닌 엄마가 전담해야 한다는 것이다. 따라서 모성을 여성의 전유물이며 남성은 육아 기능 자체가 결여되어있다는 인식이다. 게일 루빈의 말처럼 나이를 불문 결혼과 동시에 섹스-젠더 체계로만 타인에 의해 인식되게 한다는 것이다. 즉, 여성은 결혼과 동시에 아이를 낳고 수유하는 육체적 기능이 갖추어져 있으며(섹스) 거기다 태생적으로 육아에 적합한 심리적 특질을 공통적으로 지니고(젠더) 있다는 인식이다. 오늘날 우리 사회는, 사회 참여가 많아진 여성이 출산과 육아를 통한 가정의 재생산은 물론 사회활동을 통한 경제적 재생산에까지 참여하게 된 것이 보편적 현실이다.

송정현에게도 이런 전통적이고 고전적인 이데올로기가 그대로 적용되고 있으며 수용되어 왔음을 알 수 있다. 자유로울 수 없었다는 이야기다. '모든 살아있는 것들의 어머니'란 뜻의 단어인 '하와'는 엄마의 엄마를 넘어 창세기에 닿아있다. 거기다 하와는 '하나님이 아담의 갈빗대 하나를 뽑아 만든 최초의 여자'라는 의미를 동시에 지님으로써 여성은 당연히 가부장적 이데올로기의 부차적 존재가 될 수밖에 없음을 시인하도록 한다.

단, 선악과를 거짓말로 은유함으로써 아담이 아닌 '인니'와 유혹에 넘어가게 되었다는 설정이다. 그러므로 기독교 방식으로 말하자면 엄마라는 존재는 원죄를 지닌 자가 된다는 뜻이다. 원죄를 지닌 자만이 엄마라는 이름을 지닐 수 있다, 는 말로 풀이된다. 다시, 여기서 재미있는 것은 그 원죄를 지닌 '엄마' 즉 '모성'이 거짓말에서 배태하게 되었다는 전복성이다.

송정현은 이 전복성을 통해 고도의 학습력으로 관습화된 이 시대의 가부장적 이데올로기로부터 자유롭지 못한 자신과 한편으로는 의식 한편에 자리한 부당함을 자아에게 고발한 것이라 할 수 있다.

2.

송정현의 시적 탐색은 여러 시들 중 특히 나와 너, 그리고 우리라고 하는 관계에 많이 치중하고 있는 것으로 보인다. 개인적 관계이든 사회적 관계이든 지속되는 관계들과의 마찰을 통해 거리를 조정하거나 관계 유지를 위해 끊임없이 조율해야 하는 현실성을 띨 수밖에 없는 사회이기도 한 때문이다.

앞, 뒤로 닫힌 창窓이 바람을 가두었다
잎사귀가 마음껏 움직이는 건 틈새마다 열린 공간이 있기에

우리의 사랑이 질식사 한 건
우리 사이에 난 창窓을 닫아서지

나와 무관한 사랑일 때에 당신과 나 사이에 있던 窓은

당신을 가두고 싶어지던 날부터 생겨났다

너와의 사정거리는 손가락 한 뼘,
꼼짝 마

내가 꿈꾸는 세상은 당신의 그림자이어야 해
내가 타는 자전거가 낸 길은 당신 쪽 방향이어야 해

나의 독백이 당신의 심장을 찌르는 창槍이 되었던 걸
눈치 채버린 날

당신의 문지방을 넘나들던 나의 바람을
한 평도 안 되는 방에 가두었다

혹, 당신 방에서 새는 불빛이 다시 내 방까지 닿는다면
내 작은 창窓에서 풍금소리 들릴 것 같아

—「창窓, 창槍」 진문

그렇다. '창'의 또 다른 이름은 '소유'가 될 수 있다. 창이 있다는 것은 안팎이 있다는 것이고 들고 남, 가진 이와 갖지 못한 이가 있다는 것이다. 누군가는 안에 있다는 의미이기도 하고 누군가는 끊임없이 창밖을 배회한다는 의미이기도 하

다. 어떤 이는 창 안의 삶이 지루한 나머지 탈주를 꿈꾸기도 할 것이나, 또 어떤 이는 창 안의 일원이 되고 싶은 욕구로 평생을 고군분투하기도 할 것이다. 아니, 모든 삶은 창 안의 일원이 되기 위한, 또는 창 안의 것들을 소유하기 위한 소망 그 자체라고 해야 할 것이다. 일생을 부대끼고 몸부림치는 이유라고 해도 과언이 아니다.

이렇듯 창은 위험한 것이기도 하므로 관리의 대상이 된다. 그것이 개인 용도의 창이든 사회적 차원의 창이든 또 의도한 바이든 그렇지 않든 어떻게 관리하느냐에 따라 관계의 질이 결정된다. 송정현 시인 또한 "우리 사이에 난 창窓을 닫"으면서부터 관계에 문제가 생긴 것이며 "나와 무관한 사랑일 때에"는 아무렇지 않았으므로 존재를 느끼지 못하고 지냈다는 말이 된다. 문제는 "당신을 가두고 싶어지던 날부터 생겨"난 것인데 걷잡을 수 없을 만큼 소유욕이 자라 마침내 "너와의 사정거리는 손가락 한 뼘," 정도여야 한다고 했다가 급기야 "꼼짝 마" 하게 된 것이다. 창窓이 당신의 심장을 찌르는 창槍이 되어버리는 순간이다. 이쯤 되면 관계의 회복이 불가능하거나 어렵게 된다. 결국 창은 소유라는 또 다른 행복하지 않은 이름 하나를 더 낳게 되는 셈이다.

송정현의 관계에 대한 탐색은 계속된다. "꽃 진 자리에 바람이 오는 쪽의 문을 닫았네/눈물이 흘러 나왔지만/그래도 한 번 진 꽃은 피지 않을 것이네"(「인연」)처럼 의도한 바 없으나 이별에 이르기도 한다는 것을 안다. 그런가 하면 "오며 가며 눈길 주고/가끔은 바깥바람도 쐬어주고/빛바랜 떡잎 다듬어 주었더니/드디어 오늘 아침/제 하얀 손끝을 내밀어 인사한다"(「관계」)는 것도 안다.

당기고 싶다고 너무 힘껏 당기지 말아요
끊어지는 건 아픔이에요
적당히 당겼다가 놓는 법을 익혀야
원하는 만큼 나아갈 수 있어요
한 번 끊긴 것은 탄력도 본래 모습도 재생되지 않아요

새를 맞춘 새총은 가보로 물려주어도 괜찮아요
목표물을 정확이 조준한 의지의 상징이잖아요
아이들은 자라면서 수없이 많은 인연 뒤에
고무줄 같은 늘어짐과 조임 뒤에서
당김과 튕김의 경계선에서
일촉즉발
단 한 발의 총알을 격발하듯이
생의 순간 곁을 지나쳐 가야 하겠죠
자신만의 전략을 치룬 시간들이 봉인되는 순간

에크메아가 환하게 피어나는 것은
나만의 황홀한 의식이 시작되는 경계선이에요
—「고무줄론論」 전문

송정현에게 있어 '관계'란 '경계'라는 말로도 인식되고 있음을 알 수 있다. '창'이 안과 밖이라는 경계를 지니고 있듯 관계란 양자 간의 경계가 적절하거나 조화로워야 유지되는 것이므로 특별한 인식은 아니라 할 수 있다. 요는 일반적 인식인가 그렇지 않은가,라는 것이기보다 시인 스스로가 그 일반적 인식을 어떻게 성찰하고 갈무리해 가느냐이다.

"적당히 당겼다가 놓는 법을 익혀야/원하는 만큼 나아갈 수 있어요"라고 할 정도로 확신적이다. "한 번 끊긴 것은 탄력도 본래 모습도 재생되지 않아요"라고까지 단정한다. 신념이나 확신이라 하여 반드시 특별하거나 새로운 것은 아니다. 그렇다고 모든 이에게 다 존재하는 것 또한 아니다. 직접 경험이든 선험이든 쌓인 경험과 삶의 관조가 만났을 때 형성되는 것이기 때문이다. 그러므로 한 개인에게 있어 확신이나 신념은 그만큼 위험한 것이 되기도 하며 소중하고 가치 있는 것이 되기도 한다.

그러니 송정현은 "당기고 싶다고 너무 힘껏 당기지 말"

라고 한다. 고무줄로 만든 새총은 "목표물을 정확이 조준한 의지의 상징이"이므로 가보로 물려주되 없애지도 말라고 한다. 아이들이 자라면서 "고무줄 같은 늘어짐과 조임 뒤에서/당김과 튕김의 경계선에서" 생의 비법을 배울 수 있는 상징으로 삼으라는 것이다. 그러니까 관계는 철저히 "자신만의 전략"으로 조율해 가야 한다는 정언이다. 그래야만 조율의 '경계선'에서 '에크메아'가 필 것이라는 의미다. 참고로 에크메아는 통기성이 좋은 배지를 사용하고 수 년간 잘 가꾸어야만 꽃이 피며 그 꽃은 수 개월 동안 피어있기도 하다. '에크메아'는 그만큼 관계의 경계를 잘 유지하는 것이 쉽지 않으나 역으로 기쁨의 찬란함은 배가 된다는 의미의 표상인 셈이다.

이밖에도 송정현의 관계의 경계에 대한 탐구는 "너는 항상 균등한 기회와 평등한 기울기의/중심을 준다/…/가장 낮은 곳의 그늘과 가장 높은 곳의 환함까지"(「시소에 앉아」) 천착하기도 한다. 그런가 하면 여수 금오산 향일함에 올랐을 때 내려다보이는 수평선을 보며 생각하기도 한다. "아가야, 잘 자란 어른이 되기 위해/가끔은 중앙선이 없는 하늘 길로 향일암에 오를 일이다"(「경계라는 말」) 경계를 구획하려고만 하는 것 또한 관계를 그르치는 일이 될 수 있다는 말로 해석되는 시이다. 시 「발묵潑墨」은 또한 같은 맥락의 시로 경계의 스며듦에 관하여 말한다. 이 밖에 「심심心心」, 「꼬리잡기」 등도 관계의 조율이라는 맥락에 닿아있는 시들이다.

3.

삶이란 결국 사회와 나의 끊임없는 마찰로 인해 생기는 것들을 갈무리해 가는 일이 된다. 사회는 결코 친절하거나 자애롭지 않으며 객관적이지도 않을뿐더러 비정한데다 정의롭지도 않다. 그 속에서 개인이 살아가는 방법이란 아무렇게나 생긴 사회를 닮아가거나 반대로 자아 성찰을 게을리 하지 않는 것뿐이다.

매여있는 뗏목 위에 올라 한 몸이 된다
구명조끼를 몸에 맞게 살피고
상류까지의 여정을 즐거운 상상으로 스케치한다
세찬 물줄기라 하여도 겁내진 않을 것, 그러나
바위가 있는 쪽으로 다가가는 건 경계해야 할 일
착한 물길만 뒤 따라오진 않겠지
그럴지라도
따뜻한 시간을 떠올리며 맞으리
바위틈에서 자라는 꽃에게도

물기가 절반인 바람의 머릿결에게도
라 마스떼
그러나 어디에서 반전이 일어나는 영화의 장면처럼
갑자기 뒤집어질 수도 있다는 것이
사실은 뗏목 위에 올라보는 일

누군들 흘러가는 대로 저를 맡긴다고 말하기는 쉬어도
뗏목은 맡긴대로만 흘러가진 않으리라는
뗏목만큼의 생

뗏목만큼의 고독과 눈물

—「흘러가는 대로 맡긴다 하여도」 전문

사회와 나의 관계를 잘 드러낸 작품이라 할 수 있다. 사람에게 있어 사회란 불가분의 관계일 수밖에 없다. 어떠한 경우에도 사람은 독단적일 수 없으며 사회의 규범 안에서만 움직여야 한다. 그럼으로써 우리가 안전할 수 있는 것이므로 우리는 더욱더 사회적 규범에 순응해야 한다고 하는 인식이 보편적이다. 방법은 개인이 사회적 규범을 잘 지키는 등 공공성이 확보될 때 사회는 개개인 또 규범들이 건실하게 유지되는 공정성을 발휘하게 된다. 나아가 사회와 개인 간 또는 사회와 집단 간의 공동선이 형성되어

비로소 사회는 정의로울 수 있다는 것이 정의의 핵심이다.

문제는 이 사회가 촘촘히 짜놓은 법이나 윤리 규범으로도 정의를 실현할 수 없다는 데 있다. 공공성은 이기적인 개인의 행동들로 적정성이 무너졌으며 사회는 모든 시민을 향해 공정하지 못하다는 데 있다. 그러므로 당연히 공동선이 이루어질 리 만무한 일이다. 송정현 시인은 그 점을 알고 있다. 그럼에도 우리는 사회의 규범을 어기거나 일탈을 일삼아서는 안 되며 그 안에서 자율을 찾는 노력을 해야 한다. 사회는 개인과 불가분의 관계이며 자웅동체와 같은 존재이기 때문이다. '사회 속의 나'와는 "뗏목 위에 올라 한 몸이" 된 나와 등가를 이룬다. 성공적인 사회인이 되기 위하여 우리는 필생을 두고 학습하고 자격요건을 준비하는 과정 중에 행복한 생을 꿈꾸듯 "구명조끼를 몸에 맞게 살피고/상류까지의 여정을 즐거운 상상으로 스케치"하는 것은 당연한 일이다. 생에 닥칠 갖은 악수와 묘수를 가늠하고 그것에 대비하기 위한 계략을 짜두는 자세야말로 바람직한 자세이며 필요한 요건이다. 그럼에도 생이 어디 그런가. "누군들 흘러가는 대로 저를 맡긴다고 말하기는 쉬어도" 생이란 게 예측 불허의 수를 만나게 되는 그 자체라는 것을 송정현은 인식하고 있다. 뗏목은 맡긴 대로만 흘러가진 않으리라"는 것을 예감한다는 것은 사회 또한 우리가 바라는 바의 사회는 아니라는 것을 인식한 것이라 할 수 있다.

그러므로 송정현의 자기 성찰은 계속된다. 「나는 누구인가」라는 존재의 탐색으로부터 "누구나 제 목 언저리에 때처럼 낀 상처 하나/간직하지 않은 채 사는 이 있을까"(「새를 위한 소망」)에서 볼 수 있듯 타인에 대한 긍휼함까지 또 "나비/입안에 넣고 한 번 굴려 보세요/어딘지 슬퍼지는 이름인 것 같지 않아요/…/한 번의 날갯짓으로 고작 몇 센티미터를 나아가는/ 노랗거나 하얀 슬픔인 거 같지는 않은가요"(「나비의 날갯짓」)을 통해서는 생명들의 고단한 생존 방식까지, 각기 다른 존재들을 사람의 시각으로만 바라보려 하지 않는 장점을 지녔다.

"너무 반짝이거나 뜨거움에 대하여 반성하게 될 때면//그제서야 그늘에서 나는 소리가 들린다/그늘 속에서 핀 꽃들이 내지르는 청량한 소리들"(「그늘이 내는 소리」)에서는 우리 사회의 그늘진 곳에 있는 존재들을 그늘로 은유하였다. 각 존재의 삶이란 빛에 가까운 쪽에서 진행되는 것일 때만이 행복한 것은 아니라는 관점이다.

사람이 일생 동안 관계들로부터 또는 삶의 인식을 결정케 하는 세계로부터 이렇듯 편협하지 않은 시각을 지닌 능력을 아무나 갖지는 않는다. 그것은 끊임없이 세계와 개인 간의 조율 그리고 성찰을 게을리하지 않았을 때에만 얻게 되는 균형 감각이다.

때로
생의 마땅한 지점에서 잠시 멈칫거려 보는 때가 있었다

목적지를 정할 사이도 없이
행여 달려와 버리지는 않았는지

폐차지에 들어가는 순간까지
앞으로만 달리게 되어 있는 차가 있다면

차는 차일 수 있을까
그런 생의 한 나절을 생이라 부를 수 있을까

업그레이드를 해야 하는 네비게이션 마냥
과감히 내 안의 속도와 유리창 너머의

색깔과 빛들을 바꾸어 보고 싶어지던 순간
적당한 곳에서 유턴 표지를 바라보기도 해야 하는

—「물음의 순간」 전문

송정현 시인이 시와 함께 살아가는 방식은 마지막으로 소개하는 이 시 한 편으로도 짐작할 수 있다. 앞으로 균형 잡힌 감각이 더욱 성숙하여 더 많은 세계를 보여 줄 수 있기를 고대한다.